AF226368

V 97
n
23952

LETTRE

A M. LE DOCTEUR RAYER,

Président de l'Association générale, Membre de l'Institut et de l'Académie
Impériale de Médecine de Paris, Médecin ordinaire de l'Empereur,
Grand-Officier de la Légion-d'Honneur ; Médecin honoraire
des Hôpitaux, Président du Comité consultatif
d'hygiène publique de France ;

Par le Docteur **HALMAGRAND**, d'Orléans,

à l'occasion de l'Association des Médecins du département du Loiret.

ORLÉANS,

IMPRIMERIE D'ÉMILE PUGET ET Cie, RUE VIEILLE-POTERIE, 9.

1865.

LETTRE

A M. LE DOCTEUR RAYER,

Président de l'Association générale, Membre de l'Institut et de l'Académie
Impériale de Médecine de Paris, Médecin ordinaire de l'Empereur,
Grand-Officier de la Légion-d'Honneur ; Médecin honoraire
des Hôpitaux, Président du Comité consultatif
d'hygiène publique de France ;

Par le Docteur **HALMAGRAND**, d'Orléans,

à l'occasion de l'Association des Médecins du département du Loiret.

ORLÉANS,

IMPRIMERIE D'ÉMILE PUGET ET Cie, RUE VIEILLE-POTERIE, 9.

1865.

<hr>

MM. les Présidents d'Associations locales, auxquels j'ai l'honneur de faire parvenir cette lettre, sont priés de la communiquer aux Membres de leurs Associations. La vérité doit être sue, c'est pour cela qu'elle doit être dite.

<hr>

A Monsieur le Docteur RAYER,

Président de l'Association générale de Prévoyance et de Secours mutuels
des Médecins de France.

Monsieur le Président,

Je sais, de source certaine, que je vous ai été dépeint comme
le seul obstacle à la formation d'une association médicale dans le
département du Loiret.

Vous avez été induit en erreur par des personnes ayant intérêt
à vous tromper pour me nuire.

Pour vous convaincre de ce que j'avance, je vous prie,
Monsieur le Président, de vouloir bien suivre la filiation des
faits que je vais avoir l'honneur de vous communiquer.

En 1851, la 18e session du Congrès scientifique de France se
tint à Orléans. Le docteur Roux (de Marseille), l'ardent parti-
san de l'association générale, y assistait. Il plaida en faveur de
cette association, et n'eut pas de peine à faire prévaloir ses con-
victions, puisque dans la séance du 22 septembre 1851, et sous
la présidence de M. le docteur Bally, membre de l'Académie
impériale de médecine de Paris, fut formée l'association des
médecins du Loiret. Un conseil médical fut aussitôt nommé par
voie de scrutin, et ce conseil se composa de MM. les docteurs
Jallon, Lepage, Pelletier-Sautelet, Duvernay et Halmagrand.

Un appel général fut fait aux médecins du Département au nom de la Société nouvellement fondée; un grand nombre y répondirent.

Mais le docteur X., qui avait pourtant pris part aux travaux du Congrès, refusa de faire partie de cette association; il fit même à ce sujet de *très-agréables plaisanteries* sur l'idée de secours mutuels appliquée aux médecins.

Veuillez bien noter que le docteur Jallon, doyen d'âge des médecins d'Orléans, devait, à n'en pas douter, être nommé président, et vous comprendrez le motif de l'abstention du docteur X...

La première association médicale du département du Loiret se fonda donc en l'absence du docteur X... et des siens. Elle fonctionna pendant quelques années; les cotisations furent payées; quelques secours furent accordés, et son secrétaire assista à Paris, une ou deux fois, aux séances annuelles de l'Association générale, comme représentant les médecins du département du Loiret.

Pendant ces entrefaites, le docteur Jallon était mort et avait été remplacé, dans la présidence, par M. le docteur Pelletier-Sautelet.

Nous conservâmes quelque temps l'espoir de rallier les dissidents; quelques avances furent même faites au docteur X... pour obtenir son concours à la Société *existante*; ces avances étant restées inutiles, les séances s'éloignèrent, les membres de la Société s'y rendirent moins exactement, enfin, au bout de quelques années, les cadres seuls témoignèrent de l'existence de cette Société.

Tout-à-coup on apprend qu'il est question de fonder UNE NOUVELLE ASSOCIATION des médecins du département du Loiret ! Grande rumeur dans le corps médical d'Orléans. L'étonnement redouble quand on apprend que le fondateur de cette nouvelle association est le docteur X..., l'agréable frondeur de l'idée première.

Le docteur X... s'arrangea de manière à se faire nommer, par l'*Empereur*, Président d'une association *à faire*, se réservant le droit d'exclure tous ceux qui pouvaient lui porter ombrage. Un comité de famille se forma et délibéra sous la cheminée. Il y fut résolu qu'on ferait un appel *restreint* aux médecins du département.

Plusieurs membres de la première association protestèrent contre tant d'arbitraire ; aussi reprit-elle pour un moment un nouvel essor, et, comme preuve de son existence, elle adressa immédiatement une demande d'affiliation à la Société générale de Paris.

J'ai fait ressortir dans un autre écrit (1) toute l'inconvenance du procédé du docteur X..., qui venait se substituer à un vénérable et digne confrère, M. le docteur Pelletier-Sautelet, plus qu'octogénaire, dont la vie n'offre aucun prétexte à la malveillance, et cela brutalement, sans la moindre démarche, je ne dirai pas de conciliation, mais seulement de simple politesse. Le docteur X... ne tenait pas compte davantage de la dignité personnelle des confrères qui n'avaient eu d'autre tort que d'obéir les premiers à l'appel de 1851, et qui étaient restés dans leurs bonnes intentions. La *nouvelle* association dit donc simplement à l'*ancienne* : « Tu es morte, ou je veux que tu le sois, et je viens « te remplacer. »

On pourrait croire qu'ici la mesure fut comble : pas du tout.

La demande d'affiliation à la Société générale, faite par la *première* association du Loiret, était restée sans réponse. Les

______

(1) *Dix-neuf ans de pratique médicale en province,* 1861.

membres de cette première association proposèrent alors une fusion honorable qui fut *repoussée*, PARCE QUE LE DOCTEUR HALMAGRAND EN FAISAIT PARTIE. Voulant à tout prix que la Société, dont j'avais été un des fondateurs, et à laquelle j'appartenais comme membre du conseil, subsistât, *je donnai ma démission*. Plusieurs confrères refusèrent de l'accepter, je persistai néanmoins et me retirai pour n'être point un obstacle, et les membres de la *première* association entrèrent dans la *seconde*, sans renoncer à leur titre de membres de la *première*, espérant obtenir de l'Assemblée générale ce que M. le docteur X··· avait obstinément refusé, c'est-à-dire une fusion qui sauvegardât l'honorabilité de tous, et l'assurance d'éviter l'effet des haines personnelles, en soumettant les questions d'exclusion à un *bureau indépendant*.

Ce résultat fut sur le point d'être obtenu, mais le docteur X... donna sa démission !

N'est-il pas surabondamment prouvé que le docteur X... ne voulait d'une association qu'autant qu'elle fût le docile instrument de ses rancunes qui le portent à m'exclure de l'association ?

Vous le voyez, Monsieur le Président, j'ai *tout* fait pour aider à fonder, dans les termes de la meilleure et de la plus honorable confraternité, une association médicale dans le département du Loiret, soit comme fondateur nommé par la section de médecine, lors du Congrès scientifique d'Orléans, en 1851, soit comme membre du conseil d'administration de la *première* Société. Malheureusement ma présence a toujours offusqué le docteur X,... Depuis *vingt-trois ans* je suis le point de mire de la jalousie et de la haine de ce *confrère*.

Qu'est-il résulté de tout cela ? C'est qu'au moment où je trace ces lignes, il existe à Orléans un Président d'association médicale, nommé par l'Empereur ; mais sans sociétaires, et une Société qui ne fonctionne pas, mais dont l'existence est pourtant constatée officiellement, dans l'*Annuaire du Loiret* pour 1865, où à la page 188 vous pouvez lire :

COMITÉ MÉDICAL DU LOIRET,

Association des médecins, chirurgiens et officiers de santé.

Cette association fondée et autorisée en 1851, et dont le but principal est l'établissement d'une caisse de prévoyance en faveur de ceux de ses membres que l'âge où les infirmités ont atteints et qui ne sont pas heureux, a encore l'avantage de faciliter les provocations, près de l'autorité, de mesures nécessaires pour la répression du charlatanisme et de garantir l'exécution des lois qui réglementent la médecine et la pharmacie.

MM. PELLETIER-SAUTELET, président, rue de la Vieille-Monnaie, 5.

LEPAGE, vice-président, rue de la Bretonnerie, 21.

LEPAGE fils, secrétaire.

Il est, il me semble, évident, Monsieur le Président, que le docteur X... aime mieux voir tous les intérêts médicaux péricliter que leur sacrifier ses rancunes, et me voir faire partie d'une Société médicale quelconque. Cela doit ressortir des lignes que je viens de tracer. Cela vous deviendra plus évident si vous voulez bien m'accorder encore quelques minutes d'attention.

Je ne vous parlerai pas, Monsieur le Président, des mille obstacles que me suscita le docteur X... pour me rendre le séjour d'Orléans *impossible*. Je ne vous dirai point ses refus de se trouver en consultation avec moi, son opposition ouverte à mon admission aux hôpitaux d'Orléans ; je ne ferai remarquer qu'en passant, que, tant que le docteur Jallon fut médecin de la Préfecture, je reçus des lettres d'invitation pour toutes les soirées, pour tous les bals qui s'y donnèrent ; mais qu'à partir du jour où le docteur X... succéda au docteur Jallon, les choses changèrent complètement à mon égard et que mon nom fut rayé des listes d'invitations, bien que je ne manque jamais d'envoyer au Préfet ma carte de visite aux époques d'usage. Notez encore, Monsieur le Président, que des années s'étaient écoulées et que ma position était devenue *prospère*. Je glisse sur ces faits que j'ai déjà signalés dans une brochure que j'ai publiée en 1861 (1), et j'arrive à une circonstance qui prouve toute l'hostilité du docteur X...

Il y a quelques jours à peine, plusieurs places se trouvaient vacantes dans la Société d'Agriculture, Sciences et Arts d'Orléans. Des confrères, membres de cette Société, m'engagèrent à me présenter et je cédai facilement à leurs instances. Je fis parvenir ma demande à M. le Président. On se réunit pour former la liste des candidats. Vous croyez assurément que mon nom va y être inscrit, car en admettant que certains membres me repoussent, il leur suffira *de ne pas voter pour moi*; mais il n'en sera pas ainsi ; le docteur X... veut mieux que cela, il veut que mon nom ne soit pas même porté sur la liste des candidats, et pour arriver à ce résultat, il prend la parole dans la séance où l'on doit former cette liste et demande si M. Halmagrand, ayant été condamné à huit jours de prison pour insultes envers un magistrat, présente cette honorabilité exigée par un article du réglement; puis s'étant procuré la *Gazette des Tribunaux, d'il y a vingt-trois ans*, il la colporte chez les membres influents de la Société. Notez bien, je vous prie, Monsieur le Président, que parmi les membres de la Société qui m'avaient parfaitement accueilli et encouragé, se trouvaient précisément des magistrats

---

(1) *Dix-neuf ans de pratique médicale en province.* — Les personnes qui désirent connaître cette brochure pourront me la demander, je la leur ferai parvenir gratuitement.

qui connaissaient parfaitement mon procès et n'avaient point vu
d'obstacles à ce que je fusse admis parmi eux. Si le docteur X...
avait apporté la brochure que j'ai publiée en 1844 (1), tous au-
raient vu les circonstances exceptionnelles qui ont donné nais-
sance à cette affaire (2) ; mais je ne voulus même point lutter, et
j'adressai immédiatement la lettre suivante à M. le docteur Pelletier-Sautelet, Secrétaire général de la Société d'Agriculture,
Sciences, Belles-Lettres et Arts d'Orléans.

Monsieur,

Si je me suis mis au nombre des candidats à la Société d'Agriculture,
Sciences, Belles-Lettres et Arts d'Orléans, c'est que j'y avais été engagé
bienveillamment par plusieurs membres de cette Société.

Je vois avec peine que ma candidature devient une cause de discus-
sions fâcheuses que je n'avais pas même soupçonnées.

Je reconnais la main qui dirige les insultes dont on voudrait m'acca-
bler ; mais, vingt-trois ans de conduite irréprochable au milieu de
vous, et la position que j'y ai acquise me permettent de les mé-
priser.

Je ne veux ni pour la Société, ni pour moi, d'une lutte qui ne pourrait que compromettre ma dignité que je crois conserver bien mieux en
vous priant, M. le Secrétaire général, d'oublier la demande que j'ai eu
l'honneur de vous adresser.

---

(1) *Considérations médico-légales*, pag. 80. — Les personnes qui dési-
reront prendre connaissance de cette brochure peuvent me le faire savoir et je leur en enverrai un exemplaire gratuitement.

(2) Je lis dans le *Siècle* du 4 avril 1865, un article signé Frédéric
Thomas, dans lequel se trouve le passage suivant : « Aujourd'hui les
« mêmes cellules servent à tous les délits, c'est pour cela que la prison
« ne déshonore pas par elle-même, mais par la cause qui vous y con-
« duit.

« Politiquement parlant, on peut presque dire, en prenant les
« exemples de très-haut: qui est-ce qui n'a pas été quelque peu em-
« prisonné ? »

Je n'ai cependant pas rencontré que de la malveillance; j'ai été honorablement accucilli par beaucoup d'entre vous; aussi, permettez-moi de vous prier, Monsieur le Secrétaire général, d'être l'interprète de toute ma gratitude.

Agréez, je vous prie, Monsieur le Secrétaire général, l'expression de tous les sentiments distingués avec lesquels j'ai l'honneur d'être,

Votre tout dévoué serviteur et confrère,

HALMAGRAND.

Orléans, le 9 février 1865.

Je ne dois pas abuser, Monsieur le Président, de votre bienveillante attention. Si je vous ai entretenu de mes démêlés avec la Société d'Agriculture, Sciences, Belles-Lettres et Arts d'Orléans, c'était seulement pour vous prouver, par plusieurs faits, que le docteur X... veut, à tout prix, m'éloigner de toute Société, de tout corps savant, et que c'est l'animosité de ce *confrère* contre moi, animosité poussée jusqu'à l'absurde, qui a fait obstacle à l'Association des membres du corps médical dans le département du Loiret.

Je regrette, Monsieur le Président, que les germes d'association médicale n'aient pas prospéré chez nous, mais j'espère que la lecture de cette lettre vous prouvera au moins que j'en suis la cause bien involontaire.

Malgré tous les déboires dont m'a abreuvé le docteur X..., par ma conduite, par mon sangfroid, par une régularité exemplaire à remplir tous mes engagements, par mon savoir, peut-être, je suis parvenu à triompher ; ma réputation et les résultats pécuniaires qui en découlent, me permettent d'avancer que je suis un des médecins les plus appelés du département du Loiret.

Permettez-moi, Monsieur le Président, de terminer cette lettre, déjà trop longue, sans doute, pour des indifférens, par cette question : *Dans quelle mesure un docteur en médecine a-t-il droit à la protection des Sociétés et des Associations médicales ?*

Veuillez recevoir l'expression du profond respect avec lequel j'ai l'honneur d'être,

Monsieur le Président,

Votre très-humble serviteur et confrère,

HALMAGRAND.

Orléans, le 15 mai 1865.

Lettre adressée à M. le Docteur Halmagrand, par M. le docteur Bally, membre de l'Académie Impériale de Médecine de Paris, Chevalier de la Légion-d'Honneur, etc.

Monsieur et cher collègue,

En arrivant ici, je me suis empressé de chercher votre adresse, et si je ne vous ai pas rendu ma visite, après et même avant d'avoir reçu la vôtre, c'est que j'en ai été empêché par une multitude de petites affaires. C'est vous dire que chez moi n'existait aucune de ces préventions que vous combattez si victorieusement dans votre Mémoire. Je savais fort bien, et je l'avais aussi jugé dans le temps, que vous aviez été victime d'un infâme guet-apens, qui avait brisé une carrière où vous débutiez d'une manière si brillante.

Dans toutes les questions agitées dans la section des sciences médicales, vous nous avez montré un profond savoir et une grande rectitude d'idées, et vous avez reçu de l'Assemblée un témoignage de confiance qui n'est pas à dédaigner (1). Mais j'ai cru entrevoir que vous conserviez encore l'empreinte des maux cruels que les hommes vous ont fait souffrir, et que parfois un peu d'aigreur perçait dans votre langage. Il faut apprendre, et pardonnez à un vieillard sermoneur, à oublier, même ce qui dépasse ce qu'il y a de plus odieux, même ce qui vous a percé le cœur. La Société vous saura gré de cette élévation de sentiment.

Veuillez, cher et savant collègue, agréer le témoignage de ma considération, et recevoir ici mes remerciments de l'appui que vous m'avez accordé dans l'exercice de mes fonctions.

Orléans, le **22 septembre 1851**.   . Signé BALLY.

(1) Ma nomination de membre fondateur de la première Association des médecins du département du Loiret.

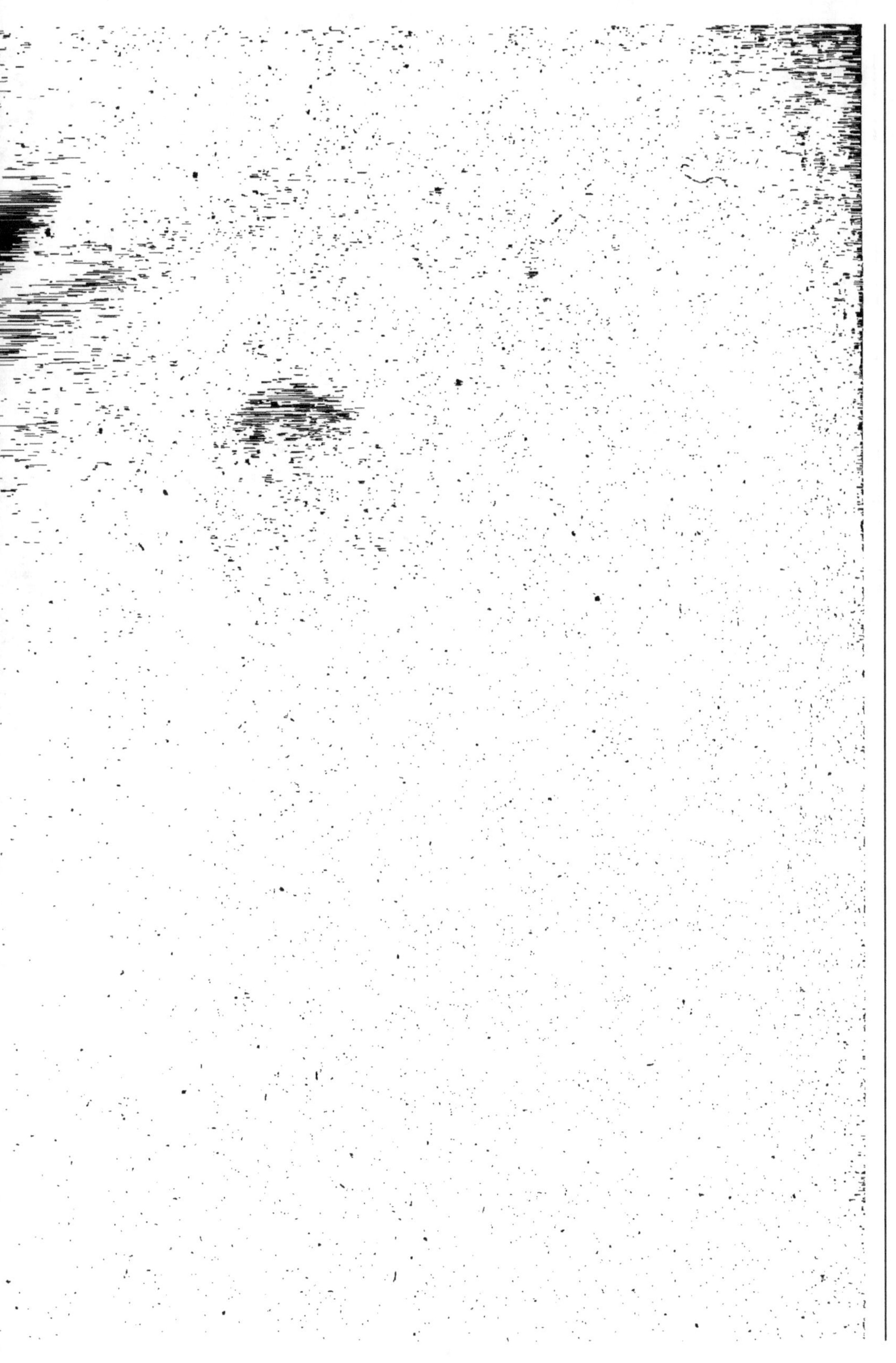

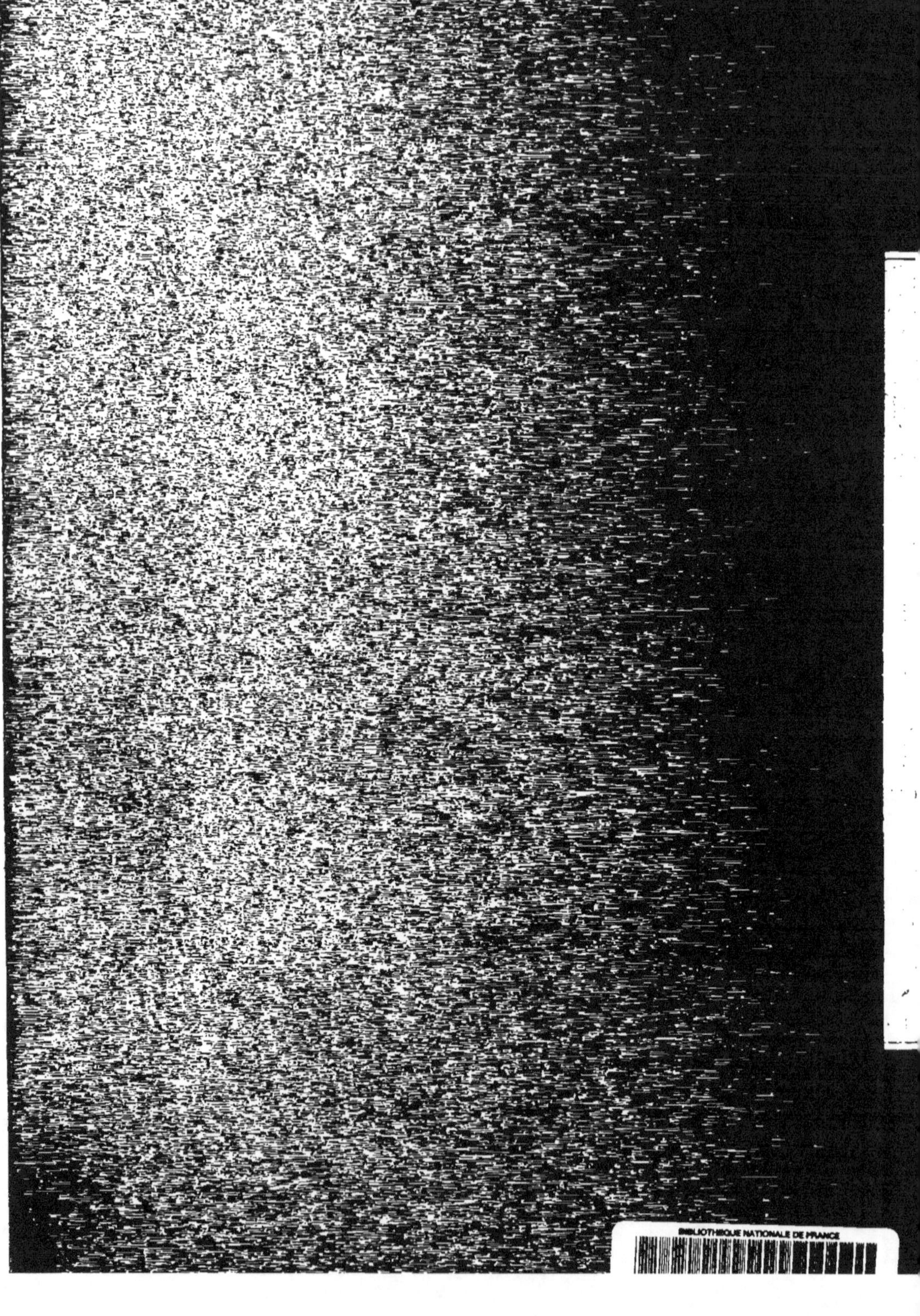